TESTIMONIA

Curriculare Reihe lateinischer und griechischer Texte
Begründet von Oberstudiendirektor a. D. Dr. Wilhelm Fiedler
Fortgeführt von Ministerialrat Dr. Alfons Städele

C. VALERIUS CATULLUS

CARMINA

Für die Schule herausgegeben und erklärt
von Dr. Wilhelm Pfaffel

Bayerische Verlagsanstalt Bamberg

Umschlagbild: Terentius Neo und seine Frau
(Pompeji, Mitte des 1. Jahrhunderts n. Chr.)
Neapel, Museo Nazionale

ANDREAE KATHARINAEQUE UXORIQUE

4. Auflage 1997
Bis auf zusätzliche Literaturangaben
unveränderter Nachdruck der zuletzt
zugelassenen 1. Auflage 1988

Umschlaggestaltung: Klaus Borowietz
Gesamtherstellung: SOV Graphische Betriebe, Bamberg
ISSN 0723-4171
Textband ISBN 3-87052-141-4
Kommentarband ISBN 3-87052-142-2
Lehrerheft ISBN 3-87052-143-0

Inhaltsverzeichnis

Einleitung

Der große Gaius Iulius Caesar wird vom amerikanischen Schriftsteller Thornton Wilder (1897–1975) als Verfasser folgenden Briefes genannt:

> „. . . Dem Briefpaket dieser Woche schließe ich ein Bündel Gedichte bei. Alte Meisterwerke verschwinden; neue erscheinen im Zeichen Apollos, um ihren Platz einzunehmen. Diese hier sind von einem jungen Mann namens Gaius Valerius Catullus, dem Sohn eines alten Freundes, der in der Nähe von Verona lebt. Als ich . . . nach Norden unterwegs war, verbrachte ich eine Nacht im Haus der Familie, und ich erinnere mich der Söhne und Töchter. Tatsächlich erinnere ich mich, daß ich den Bruder des Dichters – er ist seither gestorben – höher einschätzte! . . .
> Ich sage Dir allen Ernstes, daß eins der Dinge der Welt, die mich am meisten mit Neid erfüllen, die Begabung ist, welcher große Dichtung entspringt. Den großen Dichtern schreibe ich dieses Vermögen zu, das Leben in seiner Gesamtheit mit unbeirrbarem Blick zu betrachten und das, was in ihnen, mit dem, was außerhalb ihrer ist, in Harmonie zu bringen. Dieser Catullus könnte wohl einer von ihnen sein. . ."

Caesar selbst hat diesen Brief zwar nicht geschrieben; er entstammt der Feder Thornton Wilders, der in dem Caesarroman „Die Iden des März" (The Ides of March, 1948)[1] ein phantasievolles Bild vom römischen Leben in den letzten Jahren der Republik entworfen hat. Gleichwohl enthält dieser Caesarbrief Wilders eine Reihe wirklich bezeugter, historischer Informationen, die wir – wie Wilder – zum größten Teil Catulls Gedichten abringen müssen. Wer war dieser Catull?

1. Catulls Leben

1.1 Biographischer Rahmen

Gaius Valerius Catullus ist Mitte der 80er Jahre des 1. Jhs. v. Chr. geboren und etwa 30 Jahre alt geworden. Er stammte aus Verona und siedelte irgendwann nach Rom über. Catulls Vater gehörte der gesellschaftlichen Spitze Veronas an: Auf Sirmio, der zauberhaften Halbinsel am Südufer des Gardasees, hatte er eine Villa, und Caesar zählte er wirklich zu seinen Besuchern. Catull selbst besaß – wohl aus väterlichem Vermögen – ein Haus in Tibur (dem heutigen Tivoli) in den Sabinerbergen, wo viele reiche Römer ihren Zweitwohnsitz hatten; vielleicht nannte er auch in Rom ein Haus sein eigen.
Was Catull nach Rom trieb, wissen wir nicht (war es sein Vater, der ihn zum Studium in die Metropole schickte?). Genauer bestimmen können wir indes seinen Lebensumkreis, da uns mehrere Personen näher bekannt sind, zu denen Catull – nach seinen Gedichten zu schließen – in Verbindung stand.

1.2 Die politische Öffentlichkeit

Mit dem Redner *Hortensius Hortalus* (114 – 50 v. Chr.), dessen rhetorische Bedeutung sogar Marcus Tullius Cicero anerkannte, scheint Catull gut bekannt gewesen zu sein.

---

1 Hier zitiert nach: Thornton Wilder, Die Iden des März, Frankfurt am Main 1959, S. 33 f.

Er widmete dem Redner mit einem kunstvollen, aus Distichen bestehenden Brief (carmen 65) eines seiner schönsten Gedichte, die „Locke der Berenike" (c. 66; s.u. Kap. 2.2).
Mit dem Propraetor *C. Memmius* ging er wohl im Jahre 57 v. Chr. in die Provinz Bithynien (Kleinasien) und blieb dort bis zum nächsten Frühjahr. Diese Reise wird uns durch drei reizvolle Gedichte faßbar: der Aufbruch zur Heimreise in c. 46, der Besuch, den er bei Troia dem Grab seines dort verstorbenen Bruders abstattete, in c. 101 und seine Ankunft auf Sirmio in c. 31.
Cicero schrieb er ein spöttisches Billett (c. 49), *Pompeius* und *Caesar* griff er mit derben Worten mehrmals an (c. 29 und 57); als er sich aber bei Caesar für seine dreisten Verse entschuldigte, lud ihn dieser am selben Tag noch zum Versöhnungsessen ein.
Besonders viel Gift versprühte Catull – wohl aus Eifersucht – auf *Mamurra* aus Formiae, der unter Caesar *praefectus fabrum* (Pionieroberst) war und offenbar Bankrott gemacht hatte (c. 29; 43; 57; 94). Dem gleichen Mamurra wirft Catull in einem kunstvollen Distichon (c. 105) vor, ein miserabler Poet zu sein, und so werden an Catulls Reibungen mit Mamurra zwei Merkmale sichtbar, mit denen sich Catull für uns wie mit den beiden Achsen eines Koordinatensystems näher bestimmen läßt: Die eine Koordinate bildet sein Bemühen um eine kultivierte Dichtung, das er mit seinen Freunden aus dem Kreis der „Neoteriker" teilte (Kap. 1.4), Liebe und Erotik die andere.

1.3 Lesbia

In nahezu der Hälfte der Catullgedichte kommt die Liebe zur Sprache: Liebschaften anderer, Annäherungsversuche Catulls an verschiedene Damen und einen jungen Mann namens Iuventius; die Mehrzahl seiner ‚Liebesgedichte' hat jedoch eine Frau zum Gegenstand, deren historische Identität hinter einem Pseudonym verborgen ist: *Lesbia*. Sie wird von Catull in stürmischen und zarten Gedichten gepriesen, unter ihrer Untreue leidet er Liebesqualen und sucht sie zu überwinden; Lesbias Partner greift er mit bittren Worten an, ihren Lebenswandel verdammt er – und fühlt sich doch von ihrem Charme und Esprit immer wieder fasziniert; so sagen es jedenfalls die Gedichte. Und unter der Annahme, daß der „*Catullus*", der in so manchem Gedicht spricht, mit dem historischen Catull identisch ist, dürfen wir dieses Liebeserleben dem Dichter aus Verona selbst zuschreiben.
Wer war diese Dame „*Lesbia*"? Als einziger Autor der Antike verrät Apuleius (um 160 n. Chr.), „*Lesbia*" stehe für „*Clodia*"; das Bild, das sich aus Catulls Lesbiagedichten von Clodia entwerfen läßt, entspricht nun in groben Zügen der Charakterisierung, die Cicero in seiner Rede *Pro Caelio* von einer der Schwestern des berüchtigten Volkstribunen P. Clodius Pulcher entwirft, der Ciceros Verbannung betrieb und lange Jahre mit seinen Schlägerbanden Rom unsicher machte, ehe er 52 v. Chr. ermordet wurde. Doch um welche Schwester des Clodius handelt es sich? Ein Bündel von Argumenten[2] läßt sich dafür anführen, daß Lesbia die Frau des Q. Metellus Celer (Konsul 60 v. Chr.) war, der im Jahre nach seinem Konsulat starb.
Wahrscheinlich erfüllte die Beziehung zu Lesbia/Clodia mehrere Jahre von Catulls Leben und begann, als Lesbia noch verheiratet war; in welchen Jahren freilich und in welcher Reihenfolge die verschiedenen Lesbia-Gedichte geschrieben wurden, läßt sich nicht genau rekonstruieren. Sicher ist nur, daß wenigstens eines dieser Gedichte (c. 11, in dem Catull Lesbia seine Liebe aufkündigt) nicht vor 55 v. Chr. entstanden sein kann, da es Caesars Britannienexpedition voraussetzt.

---

2 Neu zusammengestellt bei Hans Peter Syndikus (1984) S. 25–33.

1.4 Der Dichterkreis

Die zweite ‚Lebensachse' Catulls machte die Dichtung aus; sie war eingebettet in den Dichter- und Freundeskreis der „Neoteriker". Um den Grammatiker *Valerius Cato* (* um 95 v. Chr. in Norditalien) hatte sich wohl schon in den 60er Jahren des 1. Jhs. v. Chr. ein literarischer Zirkel gebildet, in dem eine ganz andere Art von Dichtung verehrt und produziert wurde, als sie Cicero (und das konservative römische Publikum) gelten lassen wollte.

Nicht das Großepos in der Tradition Homers war die Kunstform, in der sich die *poetae novi* (so nannte sie der konservative Cicero abschätzig) versuchten; nicht der pathetische, schwülstige Stil, der in den altlateinischen Epen und Dramen verehrt wurde, sondern neue literarische Genera und Themen und eine neue Form der künstlerischen und sprachlichen Gestaltung wurden nun zum Kunstideal.

Die Neoteriker (sie werden nach dem – wiederum von Cicero stammenden – griechischen Ausdruck οἱ νεώτεροι ‚die Jüngeren' so benannt) kultivierten vor allem die Form des Kleinepos, des „Epyllions". Dieses hatte abgelegene, weniger bekannte Themen zum Gegenstand: Catulls Freund Helvius Cinna befaßte sich mit einer Verwandlungssage, Caecilius – an den Catull ein hübsches Briefgedicht richtet (c. 35) – mit einem orientalischen Götterkult und Catull mit einer kleinen mythischen Episode, der er besonderen gestalterischen Reiz abgewinnt (c. 64, das einzige neoterische Epyllion, das uns erhalten ist): Peleus verliebt sich auf seiner Fahrt mit den Argonauten, die ihn gen Kolchis führen sollte, in die aus dem Wasser auftauchende Meeresnymphe Thetis; als Hochzeitsgeschenk erhält das Paar eine kostbare Decke, auf der eine weitere, freilich berühmtere Sage eingestickt ist – die Geschichte der Ariadne: Die Tochter des Kreterkönigs Minos war vom attischen Königssohn Theseus auf der Insel Naxos zurückgelassen worden und erging sich in bitteren Klagen über die Treulosigkeit des Theseus, ehe sich ihr der Gott Bacchus mit seinen Mänaden näherte und sie zum Weibe nahm.

Catulls Epyllion verrät nun auch einen Wandel der Themen, der mit dem neuen, veränderten Lebensgefühl der jungen Dichtergeneration in Rom zu tun hat: In Catulls c. 64 steht die Liebe im Mittelpunkt, Liebe in ihrer Leidenschaftlichkeit: Gezeichnet ist sie in den hellen Farben des Glücks (die Hochzeit von Peleus und Thetis bildet ja den Rahmen), doch entbehrt sie auch nicht der Schatten des Leids, für die der treulose Theseus verantwortlich ist.

Die Liebesthematik kehrt auch in den kleineren, intimeren Gattungen wieder, die von den Neoterikern kultiviert wurden: im Epigramm und der Elegie (beide im Distichon) und in anderen, kleineren Gedichten verschiedener Richtung (Spottgedichte, Hochzeitslieder) und Versmaße (bei Catull vor allem Elfsilber und Hinkjamben: s. Kap. 5.6), kurz: im literarischen Genus der Lyrik. Neben Lust und Leiden der Liebe wurden wohl auch alltägliche Begebenheiten in lyrische Form gegossen, jedenfalls ergibt sich dieses Bild aus Catulls Gedichten.

Er verstand es, kurze, punktuelle Begebenheiten – wie das zufällig gleichzeitige Niesen zweier Verliebter: c. 45 – in schmucken Versgebilden festzuhalten; war ihm jemand zu nahe getreten – wie sein Freund Furius, der sich ein halbes Vermögen von Catull borgen wollte: c. 22 – oder hielt der Dichter etwas für unerhört lächerlich – wie die mißglückten poetischen Versuche miserabler Verseschmiede: c. 14; 22; 105 –, dann sparte er nicht an Spott, der selbstverständlich in poetisch vollendeter Weise vorgetragen war.

Poetische Perfektion: das hieß für die Neoteriker, an Rhythmus, Wortstellung und Wortwahl der Verse lange zu „feilen", hervorstehende Ecken zu glätten, die Gedichte in sich raffiniert zu konstruieren und in der Behandlung der Themen Gelehrsamkeit und literarische Bildung erkennen zu lassen. Der *poeta doctus* entfaltete sein mythologi-

sches Detailwissen – vor allem im Epyllion (s. o.) –, zeigte seine Belesenheit dort, wo er griechische Vorbilder im Lateinischen umformte und ihnen dabei z. T. eine neue Wendung gab. Ein Beispiel soll dies belegen:
In dem schon erwähnten c. 65, einem in Distichen gehaltenen Briefgedicht an den Redner Hortensius, klagt Catull über den Schmerz, den er über den Tod seines Bruders empfinde: Immer wolle er diesem traurige Lieder singen (*maesta ... carmina ... canam*: c. 65,12), so wie sie Daulias im Schatten dichtbelaubter Zweige singt, die das Los ihres dahingerafften Sohnes Itylos beseufzt:

Daulias absumpti fata gemens Itylei (c. 65,13).

Ein überraschender Vergleich, der seine Funktion nur beschränkt erfüllt; gewöhnlich wird ein Sachverhalt, der sonst nur schwer beschreibbar wäre, durch den Vergleich mit etwas Bekannterem, vielleicht sogar konkret Vorstellbarem ja erhellt – doch Catull verdunkelt eher; er setzt bei seinem Leser bzw. Hörer genaue Kenntnis des Mythos voraus: *Daulias* war ein seltener Beiname der Prokne, die sich vor Trauer verzehrte und schließlich in eine Nachtigall verwandelt wurde. Erst der gebildete Leser oder Hörer konnte die Chiffre des Vergleichs entschlüsseln und den Reiz der Stelle erkennen, denn Catull wollte ja sagen, daß er fortan – wie die verwandelte Prokne – in eine neue dichterische Rolle schlüpfen (und nur mehr Elegien dichten) werde.
Es handelt sich also um Literatur, die nur einem kultivierten, ja elitären Publikum recht verständlich wird, und um einen Dichter, der mit Gelehrsamkeit und Finesse dichtet und ebensolche Bildung und gleichen Kunstsinn auch von seinem Publikum erwartet.

2. Catulls Werk

2.1 Catulls Voraussetzungen

Aus dem Nichts war eine solche Haltung Catulls, dessen Freunde sich hierin wohl kaum von ihm unterschieden, nicht entstanden. Sie speiste sich vor allem aus dem Kunstschaffen des griechischen Dichters und Philologen Kallimachos von Kyrene (um 300 v. Chr.) und aus einem neuen Kunst- und Lebensgefühl der jungen römischen Dichtergeneration.

2.1.1 Neues Lebensgefühl

Was hatte sich in der Spätphase der römischen Republik geändert? Die letzten Jahrzehnte, die der *libera res publica* noch bleiben sollten, waren mehr von inneren Konflikten als von notwendigen Verteidigungsversuchen nach außen geprägt, sie waren bestimmt vom kompromißlosen Machtstreben einzelner (Sulla, Catilina, Caesar und Pompeius) und den damit verbundenen Krisen, die den Staat erschütterten; man könnte sie auch als die Jahrzehnte des Individuums bezeichnen, das seinen eigenen Wert erkannte und beanspruchte.
Das neue Lebensgefühl, das vor allem die junge Generation erfüllte, war dementsprechend durch eine Abkehr von tradierten Formen und Vorstellungen charakterisiert, in der privaten Lebensführung wie im künstlerisch-ästhetischen Bereich. Leichtigkeit, Lockerheit und auch spielerische Eleganz waren die neuen Vorzeichen gegenüber Strenge und Starrheit der Alten.
„*Rumores senum severiorum*“, Gerede der überstrengen Alten, nennt Catull deren Empörung über die neue, unkonventionelle Moral (c. 5,2), während er die eigenen Umgangsformen mit *lepos* und *iocus*, ‚Charme‘ und ‚Witz‘, mit Adjektiven wie *venustus* und *delicatus*, ‚hübsch‘ und ‚reizend‘, umschreibt.

2.1.2 Kallimachos

Diesem neuen Lebensgefühl kam die verfeinerte, locker erscheinende, aber äußerst kultivierte Dichtung eines Kallimachos am nächsten. Er konnte in der jungen Weltstadt Alexandreia über eine reich ausgestattete Bibliothek verfügen und mit Gelehrsamkeit dichten. U. a. schuf er ein Kleinepos „*Hekale*“, Hymnen und Epigramme, die – wie das Epyllion – Vorbild für die Kleinkunst der Neoteriker waren. In seinen Epigrammen verbinden sich „die Meisterschaft knappster Aussage und einer Sprache, die höchste Kunst mit Schlichtheit paart“;[3] ihre Qualität freilich erschloß sich wohl nur dem kultivierten Leser, der Kallimachos' Dichtung als Abkehr vom Althergebrachten und als eine kunstvolle Überwindung der Konvention empfinden konnte. Vielleicht war dies der Umstand, der ihm zwei Jahrhunderte später bei den römischen Neoterikern zu einer zweiten Blüte verhalf. Seine Nachwirkung auf Catull läßt sich in vielen seiner Gedichte greifen; am deutlichsten ist sie in Catulls c. 66, der „Locke der Berenike“. Wie wir auf Grund eines Papyrusfunds beurteilen können, stellt es eine überaus feine Übertragung seines griechischen Originals dar.

2.1.3 Sappho

Ein zweites Vorbild Catulls – wenn man bei ihm überhaupt von ‚Vorbild‘ im strengen Sinne sprechen darf – war die Lyrikerin Sappho aus Lesbos (um 600 v. Chr.): Ihre zarten, empfindsamen Gedichte scheinen nicht zuletzt ob ihrer Betonung des individuellen Gefühlserlebens Catull sehr beeindruckt zu haben; die ersten drei Strophen seines 51. Gedichts sind eine sensible Übertragung einer (weitgehend) erhaltenen Sapphischen Ode; Spuren Sapphos finden sich auch in anderen seiner „*carmina*“, und auch das Pseudonym der Clodia, *Lesbia,* ist sicher nicht ohne Verehrung für die Dichterin aus Lesbos entstanden.

2.2 Catulls Gedichte

Im Gegensatz zu den restlichen Neoterikern, von denen wir nur jeweils einige wenige Versfragmente kennen, ist von Catull ein ganzes Gedichtbuch überliefert: Ein Veroneser Codex des 10. Jhs. war die Grundlage für mehrere spätere Abschriften des 14. und 15. Jhs., die noch existieren. Das Gedichtbuch enthält 116 Gedichte unterschiedlicher Länge und Gattung, vom zweizeiligen Epigramm bis zum Epyllion, insgesamt über 2000 Verse.

Die Gedichte sind in einer auffälligen Weise gegliedert:

c. 1 – 60

Eingeleitet sind sie von einem Widmungsgedicht, das an Catulls Freund Cornelius Nepos gerichtet ist (wir kennen ihn als Verfasser zahlreicher Biographien). Dieser erste Teil der Gedichtsammlung enthält Gedichte verschiedener Versmaße (die meisten sind im Elfsilber, Hendekasyllabus, gedichtet: s. Kap. 5.6): Liebes- und Spottgedichte, Scherz- und Klagelieder, aber auch aggressive Invektiven stehen in bunter Mischung nebeneinander.

c. 61 – 68

Den Mittelteil bilden acht längere Gedichte, darunter

- zwei Hochzeitslieder (c. 61 und 62) in Strophenform,

---

3 Albin Lesky, Geschichte der griechischen Literatur, 3. Auflage Bern/München 1971, S. 798.

- c. 64 (mit 408 Hexametern das längste Catullgedicht), Catulls Epyllion über die Hochzeit von Peleus und Thetis.

Von c. 65 an sind alle folgenden Gedichte im elegischen Distichon gehalten:

- zunächst c. 65, ein literarischer Brief an den Redner Hortensius (s. o. Kap. 1.1), damit verbunden
- c. 66, die Übersetzung eines Kallimachosgedichts (eine Locke der Berenike, der Gattin des ägyptischen Königs Ptolemaios III. Euergetes, ist als Gestirn an den Himmel entrückt und predigt von dort eheliche Treue);
- es folgen ein Dialog zwischen Catull und der Tür eines verräterischen Veroneser Hauses (über die ehebrecherischen Eskapaden der neuen Hausherrin; c. 67) und
- eine Elegie in Briefform (c. 68), in der Catull seine Liebe zu Lesbia, seine Klage über den bei Troia gestorbenen Bruder und die Sage von Laodameia, der Gattin des ersten vor Troia gefallenen Achaiers, in harmonischer Komposition verbindet.

Liebe und Leid sind somit die Themen nicht nur von c. 68, sondern der längeren Gedichte Catulls insgesamt.

c. 69 – 116

- Der dritte Teil, ausschließlich distichische Gedichte, enthält weitgehend kurze Epigramme: Lesbiagedichte, Spottepigramme auf mißliebige Zeitgenossen, doch auch Elegien wie Catulls Totenklage am Grab des Bruders (c. 101).

Möglicherweise hat Catull selbst seine Gedichte in dieser Reihenfolge herausgegeben; ihre Anordnung verrät jedenfalls einen Herausgeber, der die *carmina* nach formalen Kriterien (Umfang und Versmaß) gruppierte und inhaltlich eine geschmackvolle Zusammenstellung schuf. Fast nie stehen mehr als zwei thematisch verwandte Gedichte nebeneinander, so daß die Sammlung in der uns vorliegenden Weise „wie ein bunter Blumenstrauß" wirkt[4] und zum Weiterblättern, d. h. für die antiken Leser: zum Weiterdrehen der Buchrolle, einlädt.

3. Buch und Buchmarkt

Technische Aspekte der Textherstellung und Buchverbreitung kommen in mehreren Catullgedichten zur Sprache; vor allem die Gedichte, die in dieser Ausgabe unter dem Kapitel „Römischer Literaturbetrieb" zusammengefaßt sind, setzen einen kurzen Einblick in Fragen der Textherstellung und Buchverbreitung voraus. Wie wurden also zu Catulls Zeit Bücher und literarische Entwürfe zunächst angefertigt?

3.1 Herstellung der Texte

Für kurze Notizen und literarische Skizzen benutzte man Notizbücher aus Pergament (*codex, codicillus*) mit mehreren gehefteten Seiten (ein teures Material) oder die beliebig oft verwendbare Wachstafel (*tabella*): Boden und Rahmen der Tafel bestanden aus Holz, die Schreibfläche war mit in der Regel schwarz gefärbtem Wachs angefüllt. Beschrieben wurde die Tafel mit einem Griffel (*stilus*) aus Holz oder Metall, dessen Schreibende spitz war, während das breite, andere Ende zum Tilgen der Eintragungen diente. In seinem 50. Gedicht schildert Catull einen übermütigen literarischen Abend,

---

4 Syndikus (1984) S. 62.

den er mit poetischen, auf Wachstafeln gekritzelten Versuchen bei seinem Freund Licinius Calvus verbrachte. Diese Entwürfe sind verloren; das Gedicht aber, das er in der Folge dieses Abends zu Hause und allein verfaßte, war sicher in Reinschrift auf anderem Material geschrieben – auf Papyrus.

Papyrus war noch lange nach der Zeitenwende der wichtigste Beschreibstoff der Antike. Hergestellt wurden die Papyrusblätter aus den Stengeln der Papyrusstaude, deren Hauptanbaugebiet das Nildelta war. Das Mark der Stengel wurde in dünne, ca. 30 cm lange Streifen geschnitten, die aneinandergereiht und mit einer zweiten, im rechten Winkel darübergelegten Streifenschicht verflochten wurden. Das Geflecht klopfte man, wobei der Pflanzensaft als Klebstoff wirkte, bis ein elastisches Kontinuum entstanden war. Nach dem Trocknen wurden die Blätter (*chartae*) nochmals geglättet und mit Klebstoff zu einer Rolle (*liber*) zusammengeklebt; Plinius der Ältere († 79 n. Chr.) nennt für eine Rolle die Zahl von 20 Blättern.

Die Klebekanten waren so fein, daß sie vom Schreiber überschrieben werden konnten. Zur Linierung der Blätter diente Blei (*plumbum*), geschrieben wurde in nebeneinanderstehenden Kolumnen (*columna* ‚Säule'). Der Schreiber selbst bediente sich eines Schreibrohrs aus Binsen, das vorne immer wieder zugespitzt werden mußte. Für die Herstellung der Tinte (*atramentum* ‚Schwärzmittel') mischte man Ruß und einen Klebstoff und setzte Wasser zu; diese antike Tinte war, wenn sie einmal getrocknet war, erstaunlich haltbar und ließ sich nur schwer abwaschen, Fehler waren kaum zu tilgen. Durch Abschaben der ersten Schrift konnte man Papyrusseiten wieder benutzen, wenngleich die Qualität des Materials darunter litt; von Pergamentseiten konnten solche „*palimpsesti*" (von griech. *pálin* ‚wieder' und *psestós* ‚abgeschabt') besser hergestellt werden.

Nach erfolgter Beschriftung mußte man die oberen und unteren Kanten der Rolle mit Bimsstein (*pumex*) abschmirgeln (*expolire*), damit das ohnehin schon brüchige Material durch hervorstehende Kanten nicht weiteren Schaden litt. Ein eingelegter Holzstab (*umbilicus* ‚Nabel') erleichterte das Zusammenrollen und Zurückdrehen der Rolle; seine hervorstehenden, wulstigen Enden verhinderten eine frühzeitige Abnutzung des *liber*. Ein Band umschnürte die fertige Rolle.

Der Titel des Werks (im Falle Catulls könnte er gelautet haben: *Catulli Veronensis carmina*) stand in der Regel am Ende der letzten Kolumne der Innenseite und auf der Außenseite des zusammengerollten *liber*.

3.2 Verbreitung

Catull widmete, wie schon gesagt, seinen *libellus* (‚Büchlein', wohl eine bewußte Untertreibung, wenn der Terminus ein Opus von ca. 2000 Versen bezeichnen sollte) seinem Freund Cornelius Nepos, d. h., er schickte ihm ein erstes Exemplar der fertigen Rolle als Geschenk, die – vielleicht auf der Außenseite – auch die Widmungszeilen (c. 1) enthielt.

Ein zur Publikation bestimmtes Buch kam in die Hände eines Verlegers (als Verleger in Rom kennen wir Ciceros Freund, den Bankier T. Pomponius Atticus), wurde in eigenen Schreibbüros, meist nach Diktat, vervielfältigt und schließlich zum Buchhändler (*librarius*) gebracht, in dessen Büchergestellen (*scrinia*) die *libri* zum Verkaufe lagen.

Die größte öffentliche Bibliothek der Antike besaß die neue Weltstadt des Ptolemäerreiches, Alexandreia, die vor ihrem Brand im Jahre 48 v. Chr. – bei der Einnahme der Stadt durch Caesars Truppen hatte das Feuer von den Schiffen auf die nahe Bibliothek übergegriffen – mehrere hunderttausend Rollen besessen hat. Catulls dichterisches Vorbild Kallimachos war im übrigen Leiter der alexandrinischen Bibliothek gewesen und hatte damit in idealer Weise über wissenschaftliche und dichterische griechische Literatur verfügt, hatte also die besten äußeren Voraussetzungen für einen *poeta doctus*.

In Rom plante erst Caesar eine öffentliche Bibliothek, während sich das lesebeflissene Publikum vordem nur auf Privatbibliotheken stützen konnte. Die Dichtung der Neoteriker kursierte zunächst wohl innerhalb des literarischen Zirkels, wurde auf privater Basis verliehen und sicher auch abgeschrieben. Catull selbst berichtet in c. 68, 33–36 davon, daß er zu einem Aufenthalt in Verona nur eine einzige Bücherschatulle (*capsula*) mitgenommen habe; in Rom muß er also über eine größere Büchersammlung verfügt haben.

4. Wirkung und Nachleben Catulls

Schon bald nach ihrem Erscheinen müssen Catulls Gedichte eine erhebliche Wirkung ausgelöst haben. C. Suetonius Tranquillus, der Verfasser der Kaiserbiographien, berichtet von Caesars Reaktion auf Catulls Schmähverse, die gegen ihn gerichtet waren; Catulls Freunde Furius und Aurelius hatten offensichtlich Catulls „Kußgedichte" (c. 5 und 7) zum Anlaß genommen, um ihrerseits über Catulls emotionale Dichtung zu spotten. Möglicherweise weist Catulls c. 49 wiederum „auf ein unwirsches Urteil Ciceros hin, auf das Catull in seiner Weise repliziert."[5] Catull scheint also schon zeitlebens – und nicht nur im Freundeskreis – große, wenn auch nicht immer positive Resonanz gefunden zu haben.

Wie sehr Ovid – ein halbes Jahrhundert später – Catull schätzte, geht u. a. aus dem letzten Gedichte seiner „*Amores*" hervor, in dem er den Veroneser Catull gleichwertig neben den in Mantua geborenen Vergil und sich selbst stellt (III 15,7 f.):

Mantua Vergilio, gaudet Verona Catullo,
Paelignae dicar gloria gentis ego.

(‚Mantua freut sich über Vergil, Verona über Catull;
ich werde als Ruhm des Paelignervolks bezeichnet werden.')

Der Epigrammatiker M. Valerius Martialis (* um 40 n. Chr.) hat Catull in zahlreichen seiner Epigramme benutzt, z. T. auch parodiert, was darauf hinweist, daß Catull schon zum „klassischen" Bestand der römischen Lyrik geworden war.

In der Neuzeit, der Catull erst wieder durch die Abschriften des Veroneser Codex bekannt wurde, fand Catull bei Humanisten wie Johannes Secundus (Kußgedichte!) und bei Jacob Balde, dem Neulateiner der Barockzeit, größere Beachtung. Eduard Mörike nahm auf Catull in mehreren seiner Gedichte Bezug (siehe die Begleittexte zu c. 3 und 85), der englische Dichter Ezra Pound ließ sich von Catulls Lyrik inspirieren, Thornton Wilder hat die Texte seines Briefromans „Die Iden des März" um Catulls Gedichte und deren emotionalen und politischen Hintergrund gruppiert.

Auch moderne Komponisten wurden von Catulls Lyrik angeregt: So hat Carl Orff einige ausgewählte Catullgedichte u. a. in dem szenischen Spiel „Catulli carmina" (1943) vertont, und der 1984 verstorbene, tschechische Komponist Jan Novák hat mit seiner Vertonung von Catulls „Passergedicht" c. 2 ein Kunstlied geschaffen, das den Zauber Catullischer Lyrik auf neue Weise empfinden läßt.

Doch worauf gründet sich, auch zwei Jahrtausende nach Catull, der Zauber seiner Lyrik? Sicher ist es nicht nur seine formale Kunstfertigkeit oder seine literarische Bildung (die wir auf Grund unserer beschränkten Kenntnis von der antiken Literatur an manchen Stellen wohl gar nicht mehr wahrnehmen können), sondern vor allem das

5 Syndikus (1984) S. 48.

sensible, emotionale Erleben, das feine Beobachten eigener und fremder Gefühle und Schwächen, die Catull in seinen *carmina* zeitlos nachempfinden läßt: das Menschliche also in kunstvoller Gestaltung.

5. Die sprachliche Form der Gedichte

5.1 Schrift

Wie war Catulls *libellus* wohl ursprünglich geschrieben? Die älteste (mittlerweile verlorene) Catullhandschrift entstammt schließlich dem 10. Jh. – und war ein Pergamentcodex, keine Papyrusrolle mehr (eine Buchform, die im 4. Jh. n. Chr. außer Gebrauch kam). Hinweise auf Schrifttyp und Orthographie verdanken wir indes vor allem einigen textkritischen Beobachtungen am Catulltext selbst.
Sicher waren Catulls Gedichte in Großbuchstaben („Majuskeln") gehalten. Orthographie bzw. Lautung dürften teilweise altertümliche Züge gehabt haben; Catull schrieb offenbar *karum* statt *carum*, *nei* statt *ni* (= *nisi*) bzw. Dat. *lucei (luci)*, Vok. *Furei* (*Furi*), der älteren Lautform entsprechend *vostra* statt *vestra*, die Konjunktion *quom* (*cum*). Ob er freilich konsequent verfuhr und sich z. B. selbst *Katullus* schrieb, läßt sich nicht sagen; die Kopisten der Antike und des Mittelalters können ihre Vorstellungen von „korrektem" Latein dem Catulltext an zu vielen Stellen aufgezwungen haben.

5.2 Formen

Genaueres wissen wir über unklassische, altertümliche und volkssprachliche Formen, die Catull gebrauchte, denn sie haben sich zumeist im Korsett des Metrums erhalten. Der Gen. Sing. der Pronomina endet oft auf *-ĭus* (z. B. *illĭus* statt *illīus*); der Abl. Sing. von nt-stämmigen Adjektiva endet nicht selten (wie die Partizipien) auf *-e* statt *-ī* (*ēlegante*), der Abl. Sing. der i-stämmigen Adjektiva auf *-īs (ācrīs, trīstīs)* und war im Urtext wohl *-eis* geschrieben.
Als Adverb der o-stämmigen Adjektiva erscheint umgangssprachlich z. B. *pūriter* statt *pūrē*, in der Verbalflexion finden sich archaische Formen wie Imp. *face (fac)*, Präs. *lavit (lavat)*, Impf. *audībant (audiēbant)*, Perf. *mīstī* statt *mīsistī*.

5.3 Wortbildung

Der affektreichen Volkssprache entstammt der reiche Gebrauch an Deminutiva: *ocellus* statt *oculus* oder *lectulus* bzw. *lecticulus* statt *lectus* besagen wie deutsch „Äuglein", „Bettchen" bzw. „Bettlein" nicht, daß es sich um ein besonders kleines Auge oder Lager handle, sondern drücken eine zärtliche Beziehung des Sprechers oder Angesprochenen zu dem betreffenden Objekt aus und tragen einen kosenden Ton, der gelegentlich überzogen und ironisch wirkt.
Anders als im Deutschen kann im Lateinischen auch vom Adjektiv ein Deminutivum gebildet werden, z. B. *misellus*, abgeleitet von *miser*, oder *turpiculus* ← *turpis*. Diese Adjektiva haben eine verniedlichende Wirkung, die Catull öfters ausnützt; die Bedeutung dieser Bildungen läßt sich im Deutschen nur durch Umschreibung wiedergeben: *turpiculus nāsus* bezeichnet die ‚etwas häßliche Nase' und *misellus puer* einen ‚armen (kleinen) Jungen'.
Die folgende Übersicht zeigt die möglichen Deminutivbildungen bei Catull:

Adj.	*albus*	→	*albulus*		
	miser	→	*misellus*		
	turpis	→			*turpiculus*
Subst.	*lectus*	→	*lectulus*	→	*lecticulus*
	sōlācium	→	*sōlāciolum*		

Recht häufig gebraucht Catull auch Adjektiva auf *-ōsus* bzw. *-iōsus*, die von einem Substantiv abgeleitet sind, z. B. *labōriōsus* ‚mit Mühen verbunden, reich an Arbeit‘ ← *labor* oder *verbōsus* ‚wortreich, beredt‘ ← *verbum*; ihre Grundbedeutung ist ‚reich an etwas‘ (an Mühen, Worten etc.).

5.4 Syntax

Einen saloppen, umgangssprachlichen Ton schlägt Catull u. a. dort an, wo er Formen von *esse* mit dem Adverb verbindet, z. B. *male est* bzw. *bene est* im Sinne von ‚mir geht's miserabel‘ bzw. ‚mir geht's prima‘. Weitere umgangssprachliche Elemente lassen sich in Catulls Wortschatz greifen (Kap. 6).

5.5 Stilistik

Die Ausgefeiltheit neoterischer Kunst äußert sich bei Catull nicht nur im Aufbau der Gedichte und ihrem Inhalt, sondern auch in ihrer sprachlichen Form: im kunstvollen und auf den Inhalt abgestimmten Gebrauch stilistischer Mittel. Diese zeigen sich im Bereich der Klangmittel, der Wortstellung und der Bedeutung. Die bei Catull häufigsten stilistischen Mittel sind folgende:

5.5.1 Klang

Alliteration: *senum severiorum; milia multa* (c. 5);
Homoiotéleuton (gleiche Endung in aufeinanderfolgenden Wörtern):
argutatio inambulatioque (c. 6,11);
Polýptoton (Wiederholung eines Wortes in verschiedenen Kasus):
quis . . .? cui . . .? quem . . .? cuius . . .? (c. 8,16 f.).
Lautsymbolik (bevorzugte Verwendung bestimmter Laute bzw. Lautgruppen zur Verdeutlichung des Inhalts):
gemina teguntur lumina nocte (c. 51,7 f.): dunkle Vokale – Inhalt: Nacht und Dunkel.

5.5.2 Wortstellung / Syntax

Anápher (Wiederaufnahme eines Wortes an hervorgehobener Stelle):
Quis hoc potest videre, quis potest pati (c. 29,1);
Iteration (mehrmalige Wiederholung eines Wortes; Steigerung der Anapher):
deinde centum, dein mille altera, dein secunda centum, deinde usque altera mille, deinde centum (c. 5,7 ff.);
Parallelismus (parallele Stellung einander entsprechender Wortpaare, Schema: a – b – a – b):
amare magis, bene velle minus (c. 72,8);
a – b : a – b
Chiasmus (Gegensatz zum Parallelismus, Schema a – b – b – a):
a te sudor abest, abest saliva (c. 23,16)
a – b – b – a
Hypérbaton (Trennung von eng zusammengehörenden Wörtern):
tua nunc opera . . . turgiduli rubent ocelli (c. 3,17 f.);

Asýndeton (Verknüpfung zweier oder mehrerer, auf gleicher syntaktischer Ebene stehender Wörter bzw. Wortgruppen ohne Konjunktion):
obstinata mente perfer, obdura (c. 8,11);

Polysýndeton (Verknüpfung durch fortwährenden Gebrauch der Konjunktion):
non sine candida puella et vino et sale et omnibus cachinnis (c. 13,4 f.).

5.5.3 Bedeutung und Leserbezug

Antithese (Gegenüberstellung zweier begrifflicher Gegensätze):
Odi et amo (c. 85,1);
rumores . . . omnes unius . . . assis (c. 5,2 f.);

Hendiadyoín (zwei fast synonyme Wörter bilden einen gemeinsamen Begriff):
inlepidae atque inelegantes ‚völlig reizlos' (c. 6,2);
vivat valeatque ‚(sie) soll sich's gutgehen lassen' (c. 11,17);

Metapher (Übertragung eines Worts bzw. einer Wortgruppe auf einen neuen Sinnbereich in Form eines verkürzten Vergleichs):
Paene insularum, Sirmio, . . . ocelle: ‚Sirmio, du Augenstern aller Halbinseln' = ‚Sirmio, das du mir unter allen Halbinseln (so kostbar) bist wie mein Augenstern' (c. 31,1);

Metonymie (Verwendung eines Wortes in der Bedeutung eines anderen, das mit dem ersten in einer engeren semantischen Beziehung steht):
desiderio meo (Dat.) wörtlich ‚meiner Sehnsucht', hier: ‚meiner Geliebten' (c. 2,5);
Venus für ‚Liebe' (c. 45,26);

Enallagé (Vertauschung zweier Wörter, indem das syntaktische bzw. morphologische Attribut des einen Wortes inhaltlich eigentlich zum anderen Wort gehört):
oraclum Iovis . . . aestuosi: Die Orakelstätte ist durch ihre Wüstenlage glühendheiß, nicht Jupiter (c. 7,5);

Paronomasie (Wortspiel mit lautlich ähnlich klingenden, semantisch aber nicht zusammengehörenden Wörtern):
. . . ex parte reperta mea est (c. 87,4);

Figura etymologica (das mit dem Verbum verwandte Substantiv wird als inneres Objekt mitgenannt):
tam te basia multa basiare (c. 7,9);

Klimax (Steigerung durch Verwendung aussagekräftigerer Wörter bzw. Wortgruppen, indem mit allgemeinen bzw. bedeutungsärmeren Elementen begonnen wird):
quis nunc te adibit? cui videberis bella? . . .
quem nunc amabis? (c. 8,16 f.);

Apostróphe: Hinwendung an einen Adressaten innerhalb des Texts; besonders häufig in Catulls Gedichten ist die

Selbstapostrophe: *Miser Catulle* (c. 8,1).

5.6 Metrik

Von den verschiedenen Metra, die Catull angewandt hat, erscheinen folgende in dieser Gedichtauswahl:

Elegisches Distichon (ab c. 70), bestehend aus:
Hexameter: *Nulli se dicit mulier mea nubere malle*
Pentameter: *quam mihi, non si se | Iuppiter ipse petat.* (c. 70,1 f.)

Phalaéceus (Elfsilber/ Hendekasyllabus): Er ist in den meisten der kleineren Gedichte verwendet; am Versanfang (s. Kästchen) sind möglich Spondeus, Trochaeus oder Jambus:

Cui dono lepidum novum libellum
arida modo pumice expolitum? (c. 1,1 f.)

| ⏓ ⏓ | – ⏑ ⏑ – ⏑ – ⏑ – x

Sapphische Strophe (nur in c. 11 und 51), je vier Zeilen;
Zeile 1 – 3: Sapphische Elfsilber: – ⏑ – ⏓ – ⏑ ⏑ – ⏑ – x
Zeile 4: sog. „Adoneus“: – ⏑ ⏑ – x

Ille mi par esse deo videtur,
ille, si fas est, superare divos,
qui sedens adversus identidem te
spectat et audit (c. 51,1–4)

Jambischer Trimeter (= sechshebiger Jambus, c. 29):
Quis hoc potest videre, quis potest pati (c. 29,1)
⏑ – ⏑ – ⏑ – ⏑ – ⏑ – ⏑ x

Choliambus („Hinkjambus“); die vorletzte Silbe ist im Gegensatz zum jambischen Trimeter stets lang, die erste und fünfte können lang sein (c. 8; 22; 31; 39):
Miser Catulle, desinas ineptire (c. 8,1)
⏓ – ⏑ – ⏓ – ⏑ – ⏑ – – x

NB: Im Schülerkommentar werden Distichon und Phalaeceus nicht eigens angegeben.

6. Spezialwortschatz zu Catull

Im folgenden Spezialwortschatz sind Wörter bzw. Wortfamilien angeführt, die in den Gedichten dieser Ausgabe insgesamt mindestens dreimal belegt, doch im lateinischen Grundwortschatz (zumindest in der angegebenen Bedeutung) nicht enthalten sind.

amōrēs, -um	‚Liebschaft; Liebling‘
bāsium	‚Kuß‘
→ **bāsiāre**	‚küssen‘
bellus	‚hübsch, fein, nett‘
cinaedus, -ī	‚Lüstling, Schwuler‘
dēliciae, -ārum	‚Vergnügen, Lust; Liebling‘
ēlegāns	‚fein, geschmackvoll‘
bene est + Dat.	‚es geht (jdm.) prima‘ (s. 5.4)
male est + Dat.	‚es geht (jdm.) miserabel‘ (s. 5.4)
facētus	‚witzig, geistvoll‘
→ **facētiae, -ārum**	‚Witz, Esprit‘
foedus, -eris	‚Bund, Verbindung‘
horribilis, -e	‚schauerlich, schrecklich‘
iambus, -ī	‚Jambus; Vers, Spottvers‘
ineptus	‚albern, doof‘
→ **ineptiae, -ārum**	‚Torheiten, Dummheiten‘
iōcundus = iūcundus	
lepidus	‚liebenswürdig, charmant, locker‘
libellus, -ī	‚Büchlein; Buch‘ (s. 5.3)
lubet = libet	
→ **quī-lubet** etc.	‚jeder beliebige‘
medulla, -ae	‚Mark; Innerstes; Herz‘

mī = mihi	
nī = nisi	
ocellus, -ī	‚Äuglein; Auge' (s. 5.3)
pote / potis (est)	‚es ist möglich'
quandoquidem	‚da ja; wenn schon'
simul als Adv.:	‚gleichzeitig';
als Konjunktion:	= simulatque
sodālis	‚Freund, Kamerad, Genosse'
urbānus	‚städtisch; aus Rom; gebildet'
usque Adv.	‚in einem fort, dauernd'
venustus	‚reizend, hübsch'
vērum Adv.	‚aber'

7. Erklärung von Zeichen und Abkürzungen

(↑):	siehe „Spezialwortschatz zu Catull" (Kap. 6)
(↑↑):	siehe „Wortbildung" (Kap. 5.3)
←:	Das links neben dem Pfeil stehende lat. Wort ist von dem rechts stehenden abgeleitet, z. B. *venditāre* ← *vendere*; häufig erscheint der Pfeil in Fragen zur Wortbildung, wenn nach dem Grundwort gefragt ist; z. B. „*iocārī* ‚Scherz treiben, Spaß machen' (← Subst.?)": Gefragt ist nach dem Subst. *iocus*.
→:	Vom links neben dem Pfeil stehenden Wort ist das rechts stehende abgeleitet, z. B. *gradī* ‚schreiten' → *ag-gredī* etc.
⟨esse⟩:	Hier ist *esse* zu ergänzen.
c. 2:	Catulls *carmen* 2
K:	Konstruiere, wie folgt . . .
B 1:	Begleittext zu c. 1
⏑ bzw. –	in der Metrik: Kürze (⏑) bzw. Länge (–)
x	metrisch irrelevante letzte Silbe im Vers (Länge oder Kürze)

8. Wichtige Literatur

8.1 Zur römischen Lyrik

Karl Büchner, Die römische Lyrik. Texte, Übersetzungen, Interpretationen, Geschichte, Stuttgart 1976

Friedrich Klingner, Römische Geisteswelt, 5., vermehrte Auflage München 1965

Kenneth Quinn, Die persönliche Dichtung der Klassik, in: Neues Handbuch der Literaturwissenschaft. Band 3: Römische Literatur. Herausgegeben von Manfred Fuhrmann, Frankfurt am Main 1974, S. 209–250

Michael von Albrecht, Literatur der republikanischen Zeit. D. Lyrik und Epigramm, in: M. v. A., Geschichte der römischen Literatur von Andronicus bis Boëthius. Band 1, 2. Auflage München 1994, S. 260-289

8.2 Zum Vortrag der lateinischen Dichtung

Franz-Peter Waiblinger, Zur Einführung in das Lesen lateinischer Verse, in: Anregung 37, 1991, S. 379–386

8.3 Zum politischen und kulturgeschichtlichen Hintergrund

Karl Christ, Krise und Untergang der römischen Republik, Darmstadt 1979
Alfred Heuß, Das Zeitalter der Revolution, in: Propyläen Weltgeschichte. Eine Universalgeschichte. Herausgegeben von Golo Mann unter Mitwirkung von Alfred Heuß und August Nitschke. Vierter Band, 1. Halbband. Rom. Die römische Welt, Berlin 1986, S. 175–316
Wilhelm Kroll, Die Kultur der ciceronischen Zeit, Leipzig 1933
Ronald Syme, Die römische Revolution. Machtkämpfe im antiken Rom, München o. J. (Original: The Roman Revolution, Oxford 1939)

8.4 Textausgaben und Kommentare zu Catull

C. Valerius Catullus. Herausgegeben und erklärt von Wilhelm Kroll, Leipzig/Berlin 1923. Fünfte, durch neue Zusätze vermehrte Auflage Stuttgart 1968
Catull, Sämtliche Gedichte. Lateinisch und deutsch. Herausgegeben, eingeleitet und übersetzt von Otto Weinreich, Hamburg 1960; Zürich/Stuttgart 1969
Catull, Gedichte. Eingeleitet und übersetzt von Rudolf Helm, Stuttgart 1963
Catull, Gedichte. Textbearbeitung und Einleitung von Viktor Pöschl. Erklärendes Verzeichnis der Eigennamen von Antonie Wlosok, 3. Auflage Freiburg/Würzburg 1983
Catulli Veronensis liber. Edidit Werner Eisenhut, Leipzig 1983

8.5 Spezialliteratur

Michael von Albrecht, Catull, carm. 76: Bekenntnisdichtung und Artistik, in: M. v. A., Römische Poesie. Texte und Interpretationen, Heidelberg 1977, S. 80-94
Michael von Albrecht, Catull (carm. 46): Frühling, in: M. v. A., Römische Poesie, Heidelberg 1977, S. 247-251
Michael von Albrecht, Catull – Dichter der Liebe und Gestalt seiner Epoche, in: AU 2/1992, S. 4–24
Rolf Heine (Hrsg.), Catull (Wege der Forschung, Band CCCVIII), Darmstadt 1975
Severin Koster, Catulls Auserwählte, in: S. K., Ille Ego Qui. Dichter zwischen Wort und Macht, Erlangen 1988, S. 9-31
Godo Lieberg, Puella Divina. Die Gestalt der göttlichen Geliebten bei Catull im Zusammenhang der antiken Dichtung, Amsterdam 1962
Helmut Offermann, Dichtung im Vergleich. Gaius Valerius Catullus und Marcus Valerius Martialis, Frankfurt am Main/Berlin/München 1984
Ernst A. Schmidt, Catull, Heidelberg 1985
Ernst A. Schmidt, Stationen der Wirkungsgeschichte Catulls in deutscher Perspektive, in: Gymnasium 102, 1995, S. 44–78
Mauriz Schuster, Valerius Catullus, RE 2,7 (14. Halbband) 1948, Sp. 2353-2410
Bernd Seidensticker, „Shakehands, Catull.“ Catull-Rezeption in der deutschsprachigen Lyrik der Gegenwart, in: AU 2/1994, S. 34–49
Franz Stoessl, C. Valerius Catullus. Mensch, Leben, Dichtung, Meisenheim a. Gl. 1977
Wilfried Stroh, Lesbia und Juventius. Ein erotisches Liederbuch im Corpus Catullianum, in: Peter Neukam (Hrsg.), Die Antike als Begleiterin, München 1990, S. 134–158
Hans Peter Syndikus, Catull. Eine Interpretation. Teil 1: Einleitung. Die kleinen Gedichte (1-60), Darmstadt 1984; Teil 2: Die großen Gedichte (61-68), Darmstadt 1990; Teil 3: Die Epigramme (69-116), Darmstadt 1987
Günther Wille, Alte und neue Musik zu Catull, in: Weinreich (1969) S. 77-93

Catulli carmina

Widmung an Cornelius Nepos

c. 1

Cui dono lepidum novum libellum
arida modo pumice expolitum?
Corneli, tibi: namque tu solebas
meas esse aliquid putare nugas
iam tum, cum ausus es unus Italorum
omne aevum tribus explicare cartis
doctis, Iuppiter, et laboriosis.
quare habe tibi, quicquid hoc libelli,
qualecumque; quod, o patrona virgo,
plus uno maneat perenne saeclo.

I. Lesbiagedichte

c. 2

Passer, deliciae meae puellae,
quicum ludere, quem in sinu tenere,
cui primum digitum dare adpetenti
et acris solet incitare morsus,
cum desiderio meo nitenti
carum nescioquid lubet iocari
ut solaciolum sui doloris –
credo, ut tam gravis acquiescat ardor – :
tecum ludere sicut ipsa possem
et tristis animi levare curas!

c. 3

Lugete, o Veneres Cupidinesque
et quantum est hominum venustiorum!
passer mortuus est meae puellae.
passer, deliciae meae puellae,
quem plus illa oculis suis amabat:
nam mellitus erat suamque norat

ipsam tam bene quam puella matrem
nec sese a gremio illius movebat,
sed circumsiliens modo huc, modo illuc
ad solam dominam usque pipiabat.
qui nunc it per iter tenebricosum
illud, unde negant redire quemquam.
at vobis male sit, malae tenebrae
Orci, quae omnia bella devoratis:
tam bellum mihi passerem abstulistis.
o factum male! o miselle passer!
tua nunc opera meae puellae
flendo turgiduli rubent ocelli.

c. 5

Vivamus, mea Lesbia, atque amemus
rumoresque senum severiorum
omnes unius aestimemus assis!
soles occidere et redire possunt.
nobis cum semel occidit brevis lux,
nox est perpetua una dormienda.
da mi basia mille, deinde centum,
dein mille altera, dein secunda centum,
deinde usque altera mille, deinde centum.
dein, cum milia multa fecerimus,
conturbabimus illa, ne sciamus,
aut ne quis malus invidere possit,
cum tantum sciat esse basiorum.

c. 7

Quaeris, quot mihi basiationes
tuae, Lesbia, sint satis superque.
quam magnus numerus Libyssae arenae
lasarpiciferis iacet Cyrenis,
oraclum Iovis inter aestuosi
et Batti veteris sacrum sepulcrum,
aut quam sidera multa, cum tacet nox,
furtivos hominum vident amores:
tam te basia multa basiare

vesano satis et super Catullo est,
quae nec pernumerare curiosi
possint nec mala fascinare lingua.

c. 8

Miser Catulle, desinas ineptire,
et quod vides perisse, perditum ducas.
fulsere quondam candidi tibi soles,
cum ventitabas, quo puella ducebat
amata nobis, quantum amabitur nulla.
ibi illa multa tum iocosa fiebant,
quae tu volebas nec puella nolebat.
fulsere vere candidi tibi soles.
nunc iam illa non vult: tu quoque, impotens, noli
nec quae fugit, sectare, nec miser vive,
sed obstinata mente perfer, obdura.
vale, puella. iam Catullus obdurat,
nec te requiret nec rogabit invitam.
at tu dolebis, cum rogaberis nulla.
scelesta, vae te! quae tibi manet vita?
quis nunc te adibit? cui videberis bella?
quem nunc amabis? cuius esse diceris?
quem basiabis? cui labella mordebis?
at tu, Catulle, destinatus obdura.

c. 11

Furi et Aureli, comites Catulli,
sive in extremos penetrabit Indos,
litus ut longe resonante Eoa
   tunditur unda,

sive in Hyrcanos Arabasve molles,
seu Sacas sagittiferosve Parthos,
sive quae septemgeminus colorat
   aequora Nilus,

sive trans altas gradietur Alpes,
Caesaris visens monumenta magni,
Gallicum Rhenum, horribile aequor ulti-
   mosque Britannos;

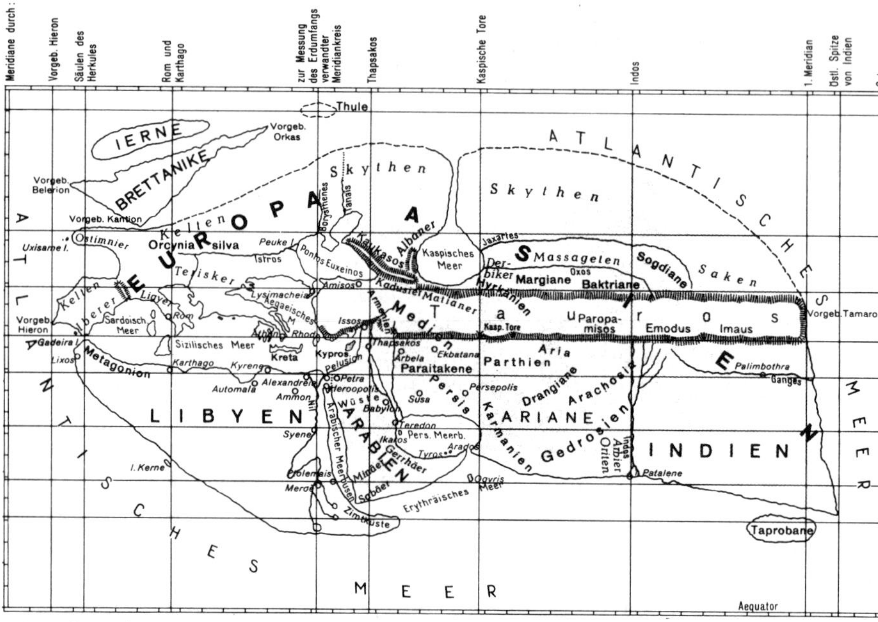

Die Erde nach Eratosthenes (ca. 285 – 205 v. Chr.)

omnia haec, quaecumque feret voluntas
caelitum, temptare simul parati:
pauca nuntiate meae puellae
non bona dicta:

cum suis vivat valeatque moechis,
quos simul complexa tenet trecentos,
nullum amans vere, sed identidem omnium
ilia rumpens;

nec meum respectet, ut ante, amorem,
qui illius culpa cecidit velut prati
ultimi flos, praetereunte postquam
tactus aratro est.

c. 51

Ille mi par esse deo videtur,
ille, si fas est, superare divos,
qui sedens adversus identidem te
spectat et audit

dulce ridentem, misero quod omnis
eripit sensus mihi; nam simul te,
Lesbia, aspexi, nihil est super mi
. . .

lingua sed torpet, tenuis sub artus
flamma demanat, sonitu suopte
tintinant aures, gemina teguntur
lumina nocte.

otium, Catulle, tibi molestum est;
otio exsultas nimiumque gestis.
otium et reges prius et beatas
perdidit urbes.

c. 58

Caeli, Lesbia nostra, Lesbia illa,
illa Lesbia, quam Catullus unam
plus quam se atque suos amavit omnes,
nunc in quadriviis et angiportis
glubit magnanimi Remi nepotes.

c. 70

Nulli se dicit mulier mea nubere malle
quam mihi, non si se Iuppiter ipse petat.
dicit: sed mulier cupido quod dicit amanti,
in vento et rapida scribere oportet aqua.

c. 72

Dicebas quondam solum te nosse Catullum,
 Lesbia, nec prae me velle tenere Iovem.
dilexi tum te non tantum ut vulgus amicam,
 sed pater ut gnatos diligit et generos.
nunc te cognovi: quare etsi impensius uror,
 multo mi tamen es vilior et levior.
qui potis est? inquis. quod amantem iniuria talis
 cogit amare magis, sed bene velle minus.

c. 73

Desine de quoquam quicquam bene velle mereri
 aut aliquem fieri posse putare pium.
omnia sunt ingrata, nihil fecisse benigne
 prodest, immo etiam taedet obestque magis,
ut mihi, quem nemo gravius nec acerbius urget,
 quam modo qui me unum atque unicum amicum habuit.

c. 75

Huc est mens deducta tua, mea Lesbia, culpa
 atque ita se officio perdidit ipsa suo,
ut iam nec bene velle queat tibi, si optima fias,
 nec desistere amare, omnia si facias.

c. 76

Si qua recordanti bene facta priora voluptas
 est homini, cum se cogitat esse pium,
nec sanctam violasse fidem nec foedere nullo
 divum ad fallendos numine abusum homines,
multa parata manent in longa aetate, Catulle,
 ex hoc ingrato gaudia amore tibi.
nam quaecumque homines bene cuiquam aut dicere possunt
 aut facere, haec a te dictaque factaque sunt.
omnia quae ingratae perierunt credita menti.

quare cur te iam amplius excrucies?
quin tu animo offirmas atque istinc teque reducis
et dis invitis desinis esse miser?
difficile est longum subito deponere amorem.
difficile est; verum hoc qualubet efficias.
una salus haec est, hoc est tibi pervincendum:
hoc facias, sive id non pote sive pote.
o di, si vestrum est misereri, aut si quibus umquam
extremo, iam ipsa in morte, tulistis opem,
me miserum aspicite et, si vitam puriter egi,
eripite hanc pestem perniciemque mihi,
quae mihi subrepens imos ut torpor in artus
expulit ex omni pectore laetitias.
non iam illud quaero, contra me ut diligat illa,
aut, quod non potis est, esse pudica velit:
ipse valere opto et taetrum hunc deponere morbum.
o di, reddite mi hoc pro pietate mea!

c. 79

Lesbius est pulcer: quid ni? quem Lesbia malit
quam te cum tota gente, Catulle, tua.
sed tamen hic pulcer vendat cum gente Catullum,
si tria notorum savia reppererit.

c. 83

Lesbia mi praesente viro mala plurima dicit:
haec illi fatuo maxima laetitia est.
mule, nihil sentis. si nostri oblita taceret,
sana esset; nunc quod gannit et obloquitur,
non solum meminit, sed, quae multo acrior est res,
irata est: hoc est, uritur et loquitur.

c. 85

Odi et amo. quare id faciam, fortasse requiris.
nescio, sed fieri sentio et excrucior.

c. 86

Quintia formosa est multis, mihi candida, longa,
recta est. haec ego sic singula confiteor,
totum illud ‚formosa' nego: nam nulla venustas,
nulla in tam magno est corpore mica salis.
Lesbia formosa est, quae cum pulcerrima tota est,
tum omnibus una omnis subripuit veneres.

c. 87

Nulla potest mulier tantum se dicere amatam
vere, quantum a me Lesbia amata mea est.
nulla fides ullo fuit umquam foedere tanta,
quanta in amore tuo ex parte reperta mea est.

c. 92

Lesbia mi dicit semper male nec tacet umquam
de me: Lesbia me dispeream nisi amat.
quo signo? quia sunt totidem mea: deprecor illam
assidue, verum dispeream nisi amo.

c. 107

Si quicquam cupido optantique optigit umquam
insperanti, hoc est gratum animo proprie.
quare hoc est gratum nobis quoque, carius auro,
quod te restituis, Lesbia, mi cupido,
restituis cupido atque insperanti ipsa refers te
nobis: o lucem candidiore nota!
quis me uno vivit felicior aut magis hace
optandum vita dicere quis poterit?

c. 109

Iocundum, mea vita, mihi proponis amorem
  hunc nostrum inter nos perpetuumque fore.
di magni, facite, ut vere promittere possit
  atque id sincere dicat et ex animo,
ut liceat nobis tota perducere vita
  aeternum hoc sanctae foedus amicitiae.

II. Catull und die Politik

c. 29

Quis hoc potest videre, quis potest pati,
nisi impudicus et vorax et aleo,
Mamurram habere quod Comata Gallia
habebat ante et ultima Britannia?
cinaede Romule, haec videbis et feres?
et ille nunc superbus et superfluens
perambulabit omnium cubilia
ut albulus columbus aut Adoneus?
cinaede Romule, haec videbis et feres?
es impudicus et vorax et aleo.
eone nomine, imperator unice,
fuisti in ultima occidentis insula,
ut ista vostra diffututa Mentula
ducenties comesset aut trecenties?
quid est alid sinistra liberalitas?
parum expatravit an parum elluatus est?
paterna prima lancinata sunt bona;
secunda praeda Pontica; inde tertia
Hibera, quam scit amnis aurifer Tagus;
nunc Galliae timetur et Britanniae.
quid hunc malum fovetis? aut quid hic potest,
nisi uncta devorare patrimonia?
eone nomine, urbis o putissimi
socer generque, perdidistis omnia?

c. 49

Disertissime Romuli nepotum,
quot sunt quotque fuere, Marce Tulli,
quotque post aliis erunt in annis,
gratias tibi maximas Catullus
agit, pessimus omnium poeta,
tanto pessimus omnium poeta,
quanto tu optimus omnium patronus.

c. 52

Quid est, Catulle? quid moraris emori?
sella in curuli struma Nonius sedet,
per consulatum peierat Vatinius;
quid est, Catulle? quid moraris emori?

c. 54

Otonis caput oppido pusillum,
Heri rustica semilauta crura,
subtile et leve peditum Libonis,
si non omnia, displicere vellem
tibi et Sufficio seni recocto.
irascere iterum meis iambis
inmerentibus, unice imperator.

c. 57

Pulcre convenit improbis cinaedis,
Mamurrae pathicoque Caesarique.
nec mirum: maculae pares utrisque,
urbana altera et illa Formiana,
impressae resident nec eluentur;
morbosi pariter, gemelli utrique,
uno in lecticulo erudituli ambo,
non hic quam ille magis vorax adulter,
rivales socii et puellularum.
pulcre convenit improbis cinaedis.

c. 93

Nil nimium! studeo, Caesar, tibi velle placere
nec scire, utrum sis albus an ater homo.

III. Römischer Literaturbetrieb

c. 14

Ni te plus oculis meis amarem,
iocundissime Calve, munere isto
odissem te odio Vatiniano:
nam quid feci ego quidve sum locutus,
cur me tot male perderes poetis?
isti di mala multa dent clienti,
qui tantum tibi misit impiorum.
quodsi, ut suspicor, hoc novum ac repertum
munus dat tibi Sulla litterator,
non est mi male, sed bene ac beate,
quod non dispereunt tui labores.
di magni, horribilem et sacrum libellum!
quem tu scilicet ad tuum Catullum
misti, continuo ut die periret,
Saturnalibus, optimo dierum!
non, non hoc tibi, salse, sic abibit:
nam, si luxerit, ad librariorum
curram scrinia, Caesios, Aquinos,
Suffenum, omnia colligam venena
ac te his suppliciis remunerabor.
vos hinc interea valete, abite
illuc, unde malum pedem attulistis,
saecli incommoda, pessimi poetae!

c. 22

Suffenus iste, Vare, quem probe nosti,
homo est venustus et dicax et urbanus
idemque longe plurimos facit versus.
puto esse ego illi milia aut decem aut plura
perscripta, nec sic, ut fit, in palimpseston
relata: cartae regiae, novi libri,
novi umbilici, lora rubra membranae,

derecta plumbo et pumice omnia aequata.
haec cum legas tu, bellus ille et urbanus
Suffenus unus caprimulgus aut fossor
rursus videtur: tantum abhorret ac mutat.
hoc quid putemus esse? qui modo scurra
aut si quid hac re tritius videbatur,
idem infaceto est infacetior rure,
simul poemata attigit; neque idem umquam
aeque est beatus ac poema cum scribit:
tam gaudet in se tamque se ipse miratur.
nimirum idem omnes fallimur, neque est quisquam,
quem non in aliqua re videre Suffenum
possis. suus cuique attributus est error;
sed non videmus, manticae quod in tergo est.

c. 35

Poetae tenero, meo sodali
velim Caecilio, papyre, dicas,
Veronam veniat, Novi relinquens
Comi moenia Lariumque litus:
nam quasdam volo cogitationes
amici accipiat sui meique.
quare, si sapiet, viam vorabit,
quamvis candida milies puella
euntem revocet manusque collo
ambas iniciens roget morari,
quae nunc, si mihi vera nuntiantur,
illum deperit impotente amore.
nam quo tempore legit incohatam
Dindymi dominam, ex eo misellae
ignes interiorem edunt medullam.
ignosco tibi, Sapphica puella
Musa doctior: est enim venuste
Magna Caecilio incohata Mater.

c. 36

Annales Volusi, cacata carta,
votum solvite pro mea puella:
nam sanctae Veneri Cupidinique

Venus auf der Muschel, umgeben von zwei Amoretten (Pompeji, Haus der Venus)

vovit, si sibi restitutus essem
desissemque truces vibrare iambos,
electissima pessimi poetae
scripta tardipedi deo daturam
infelicibus ustulanda lignis,
et hoc pessima se puella vidit
iocose lepide vovere divis.
nunc, o caeruleo creata ponto,
quae sanctum Idalium Uriosque apertos
quaeque Ancona Gnidumque harundinosam
colis quaeque Amathunta quaeque Golgos
quaeque Durrachium, Hadriae tabernam,
acceptum face redditumque votum,
si non illepidum neque invenustum est!
at vos interea venite in ignem,
pleni ruris et inficetiarum
annales Volusi, cacata carta!

c. 40

Quaenam te mala mens, miselle Ravide,
agit praecipitem in meos iambos?
quis deus tibi non bene advocatus
vecordem parat excitare rixam?

an ut pervenias in ora vulgi?
quid vis? qua lubet esse notus optas?
eris, quandoquidem meos amores
cum longa voluisti amare poena!

c. 50

Hesterno, Licini, die otiosi
multum lusimus in meis tabellis,
ut convenerat esse delicatos.
scribens versiculos uterque nostrum
ludebat numero modo hoc, modo illoc,
reddens mutua per iocum atque vinum.
atque illinc abii tuo lepore
incensus, Licini, facetiisque,
ut nec me miserum cibus iuvaret
nec somnus tegeret quiete ocellos,
sed toto indomitus furore lecto
versarer cupiens videre lucem,
ut tecum loquerer simulque ut essem.
at defessa labore membra postquam
semimortua lectulo iacebant,
hoc, iocunde, tibi poema feci,
ex quo perspiceres meum dolorem.
nunc audax cave sis precesque nostras,
oramus, cave despuas, ocelle,
ne poenas Nemesis reposcat a te.
est vemens dea: laedere hanc caveto!

c. 95

Zmyrna mei Cinnae nonam post denique messem
   quam coepta est nonamque edita post hiemem,
milia cum interea quingenta Hortensius uno
   . . . .
Zmyrna cavas Satrachi penitus mittetur ad undas,
   Zmyrnam cana diu saecula pervoluent.
at Volusi annales Paduam morientur ad ipsam
   et laxas scombris saepe dabunt tunicas.
parva mei mihi sint cordi monumenta sodalis:
   at populus tumido gaudeat Antimacho.

c. 105

Mentula conatur Pipleium scandere montem:
Musae furcillis praecipitem eiciunt.

IV. Scherz, Spott, Satire

c. 6

Flavi, delicias tuas Catullo,
ni sint inlepidae atque inelegantes,
velles dicere nec tacere posses.
verum nescioquid febriculosi
scorti diligis: hoc pudet fateri.
nam te non viduas iacere noctes
nequiquam tacitum cubile clamat
sertis ac Syrio fragrans olivo,
pulvinusque peraeque et hic et illic
attritus, tremulique quassa lecti
argutatio inambulatioque.
nam nil ista valet, nihil, tacere.
cur? non tam latera ecfututa pandas,
ni tu quid facias ineptiarum.
quare, quidquid habes boni malique,
dic nobis: volo te ac tuos amores
ad caelum lepido vocare versu.

c. 13

Cenabis bene, mi Fabulle, apud me
paucis, si tibi di favent, diebus,
si tecum attuleris bonam atque magnam
cenam, non sine candida puella
et vino et sale et omnibus cachinnis.
haec si, inquam, attuleris, venuste noster,
cenabis bene: nam tui Catulli
plenus sacculus est aranearum.
sed contra accipies meros amores
seu quid suavius elegantiusve est:

Bankettszene (auf einem griechischen Glockenkrater, um 340 v. Chr.)

nam unguentum dabo, quod meae puellae
donarunt Veneres Cupidinesque;
quod tu cum olfacies, deos rogabis,
totum ut te faciant, Fabulle, nasum!

c. 23

Furi, cui neque servus est neque arca
nec cimex neque araneus neque ignis,
verum est et pater et noverca, quorum
dentes vel silicem comesse possunt:
est pulcre tibi cum tuo parente
et cum coniuge lignea parentis.
nec mirum: bene nam valetis omnes,

pulcre concoquitis, nihil timetis,
non incendia, non graves ruinas,
non facta impia, non dolos veneni,
non casus alios periculorum.
atqui corpora sicciora cornu
aut si quid magis aridum est habetis
sole et frigore et esuritione.
quare non tibi sit bene ac beate?
a te sudor abest, abest saliva,
muccusque et mala pituita nasi.
hanc ad munditiem adde mundiorem,
quod culus tibi purior salillo est,
nec toto decies cacas in anno,
atque id durius est faba et lapillis;
quod tu si manibus teras fricesque,
non umquam digitum inquinare posses.
haec tu commoda tam beata, Furi,
noli spernere nec putare parvi –
et sestertia quae soles precari
centum desine: nam sat es beatus.

c. 26

Furi, villula vostra non ad Austri
flatus opposita est neque ad Favoni
nec saevi Boreae aut Apheliotae,
verum ad milia quindecim et ducentos.
o ventum horribilem atque pestilentem!

c. 33

O furum optime balneariorum,
Vibenni pater, et cinaede fili
(nam dextra pater inquinatiore,
culo filius est voraciore):
cur non exilium malasque in oras
itis, quandoquidem patris rapinae
notae sunt populo, et nates pilosas,
fili, non potes asse venditare?

c. 39

Egnatius, quod candidos habet dentes,
renidet usque quaque. si ad rei ventum est
subsellium, cum orator excitat fletum,
renidet ille. si ad pii rogum fili
lugetur, orba cum flet unicum mater,
renidet ille. quicquid est, ubicumque est,
quodcumque agit, renidet. hunc habet morbum
neque elegantem, ut arbitror, neque urbanum.
quare monendum est te mihi, bone Egnati.
si urbanus esses aut Sabinus aut Tiburs
aut pinguis Umber aut obesus Etruscus
aut Lanuvinus ater atque dentatus
aut Transpadanus, ut meos quoque attingam,
aut quilubet, qui puriter lavit dentes,
tamen renidere usque quaque te nollem:
nam risu inepto res ineptior nulla est.
nunc Celtiber es: Celtiberia in terra,
quod quisque minxit, hoc sibi solet mane
dentem atque russam defricare gingivam,
ut quo iste voster expolitior dens est,
hoc te amplius bibisse praedicet loti.

c. 41

Ameana, puella defututa,
tota milia me decem poposcit,
ista turpiculo puella naso,
decoctoris amica Formiani.
propinqui, quibus est puella curae,
amicos medicosque convocate:
non est sana puella nec rogare,
qualis sit, solet aes imaginosum.

c. 43

Salve, nec minimo puella naso
nec bello pede nec nigris ocellis
nec longis digitis nec ore sicco

nec sane nimis elegante lingua,
decoctoris amica Formiani.
ten provincia narrat esse bellam?
tecum Lesbia nostra comparatur?
o saeclum insapiens et infacetum!

c. 45

Acmen Septimius suos amores
tenens in gremio: „mea“, inquit, „Acme,
ni te perdite amo atque amare porro
omnes sum assidue paratus annos,
quantum qui pote plurimum perire,
solus in Libya Indiaque tosta
caesio veniam obvius leoni.“
hoc ut dixit, Amor, sinistra ut ante,
dextra sternuit approbationem.

at Acme leviter caput reflectens
et dulcis pueri ebrios ocellos
illo purpureo ore saviata
„sic“, inquit, „mea vita, Septimille,
huic uni domino usque serviamus,
ut multo mihi maior acriorque
ignis mollibus ardet in medullis.“
hoc ut dixit, Amor, sinistra ut ante,
dextra sternuit approbationem.

nunc ab auspicio bono profecti
mutuis animis amant amantur.
unam Septimius misellus Acmen
mavult quam Syrias Britanniasque,
uno in Septimio fidelis Acme
facit delicias libidinisque.
quis ullos homines beatiores
vidit, quis Venerem auspicatiorem?

c. 55

Oramus, si forte non molestum est,
demonstres, ubi sint tuae tenebrae!
te campo quaesimus in minore,
te in circo, te in omnibus libellis,
te in templo summi Iovis sacrato.
in Magni simul ambulatione
femellas omnes, amice, prendi,
quas vultu vidi tamen sereno,
† avelte † sic ipse flagitabam:
„Camerium mihi, pessimae puellae!"
quaedam inquit, nudum recludens pectus:
„Em, hic in roseis latet papillis."
sed te iam ferre Herculei labos est.
tanto te in fastu negas, amice?
dic nobis, ubi sis futurus, ede
audacter, committe, crede luci!
num te lacteolae tenent puellae?
si linguam clauso tenes in ore,
fructus proicies amoris omnes:
verbosa gaudet Venus loquella.
vel si vis, licet obseres palatum,
dum vostri sim particeps amoris.

c. 84

„Chommoda" dicebat, si quando „commoda" vellet
dicere, et „insidias" Arrius „hinsidias",
et tum mirifice sperabat se esse locutum,
cum, quantum poterat, dixerat „hinsidias".
credo, sic mater, sic liber avunculus eius,
sic maternus avus dixerat atque avia.

hoc misso in Syriam requierant omnibus aures:
audibant eadem haec leniter et leviter
nec sibi postilla metuebant talia verba,
cum subito affertur nuntius horribilis
Ionios fluctus, postquam illuc Arrius isset,
iam non Ionios esse, sed Hionios.

c. 98

In te, si in quemquam, dici pote, putide Victi,
id quod verbosis dicitur et fatuis:
ista cum lingua, si usus veniat tibi, possis
culos et crepidas lingere carpatinas.
si nos omnino vis omnes perdere, Victi,
hiscas: omnino quod cupis efficies.

c. 100

Caelius Aufilenum et Quintius Aufilenam
flos Veronensum depereunt iuvenum,
hic fratrem, ille sororem. hoc est quod dicitur illud
„fraternum“ vere „dulce sodalicium“.
cui faveam potius? Caeli, tibi: nam tua nobis
perspecta est igni unica amicitia,
cum vesana meas torreret flamma medullas.
sis felix, Caeli, sis in amore potens!

V. Privates und Gedichte an nahestehende Menschen

c. 9

Verani, omnibus e meis amicis
antistans mihi milibus trecentis,
venistine domum ad tuos penates
fratresque unanimos anumque matrem?
venisti. o mihi nuntii beati!
visam te incolumem audiamque Hiberum
narrantem loca, facta, nationes,
ut mos est tuus, applicansque collum
iocundum os oculosque saviabor.
o quantum est hominum beatiorum,
quid me laetius est beatiusve?

c. 27

Minister vetuli puer Falerni,
inger mi calices amariores,
ut lex Postumiae iubet magistrae
ebrioso acino ebriosioris.
at vos quo lubet hinc abite, lymphae,
vini pernicies, et ad severos
migrate: hic merus est Thyonianus!

c. 31

Paene insularum, Sirmio, insularumque
ocelle, quascumque in liquentibus stagnis
marique vasto fert uterque Neptunus,
quam te libenter quamque laetus inviso,
vix mi ipse credens Thyniam atque Bithynos
liquisse campos et videre te in tuto!

o quid solutis est beatius curis,
cum mens onus reponit ac peregrino
labore fessi venimus larem ad nostrum
desideratoque acquiescimus lecto?
hoc est, quod unum est pro laboribus tantis.
salve, o venusta Sirmio, atque ero gaude
gaudete vosque, Lydiae lacus undae,
ridete, quicquid est domi cachinnorum!

c. 38

Male est, Cornifici, tuo Catullo,
male est, me hercule, et laboriose
et magis magis in dies et horas.
quem tu, quod minimum facillimumque est,
qua solatus es allocutione?
irascor tibi. sic meos amores?
paulum quidlubet allocutionis,
maestius lacrimis Simonideis!

c. 46

Iam ver egelidos refert tepores,
iam caeli furor aequinoctialis
iocundis Zephyri silescit auris.
linquantur Phrygii, Catulle, campi
Nicaeaeque ager uber aestuosae:
ad claras Asiae volemus urbes!
iam mens praetrepidans avet vagari,
iam laeti studio pedes vigescunt.
o dulces comitum valete coetus,
longe quos simul a domo profectos
diversae varie viae reportant.

Attisches Grabrelief eines Jünglings (um 340/330 v. Chr.)

c. 96

Si quicquam mutis gratum acceptumve sepulcris
accidere a nostro, Calve, dolore potest,
quo desiderio veteres renovamus amores
atque olim missas flemus amicitias:
certe non tanto mors immatura dolori est
Quintiliae, quantum gaudet amore tuo.

c. 101

Multas per gentes et multa per aequora vectus
advenio has miseras, frater, ad inferias,
ut te postremo donarem munere mortis
et mutam – nequiquam! – alloquerer cinerem,
quandoquidem fortuna mihi tete abstulit ipsum,
heu, miser indigne frater adempte mihi!
nunc tamen interea haec, prisco quae more parentum
tradita sunt tristi munere ad inferias,
accipe fraterno multum manantia fletu
atque in perpetuum, frater, ave atque vale!

Übersicht über die Gedichte